Adoum Hissein Abdelkerim

Afrique de nos rêves

Adoum Hissein Abdelkerim

Afrique de nos rêves

Éditions Muse

Imprint
Any brand names and product names mentioned in this book are subject to trademark, brand or patent protection and are trademarks or registered trademarks of their respective holders. The use of brand names, product names, common names, trade names, product descriptions etc. even without a particular marking in this work is in no way to be construed to mean that such names may be regarded as unrestricted in respect of trademark and brand protection legislation and could thus be used by anyone.

Cover image: www.ingimage.com

Publisher:
Éditions Muse
is a trademark of
Dodo Books Indian Ocean Ltd., member of the OmniScriptum S.R.L Publishing group
str. A.Russo 15, of. 61, Chisinau-2068, Republic of Moldova Europe
Printed at: see last page
ISBN: 978-620-3-86519-6

ADOUM HISSEIN ABDELKERIM

Poésie

AFRIQUE DE NOS RÊVES

AFRIQUE DE NOS RÊVES

Dédicace

À ma défunte mère IZZE TAHER CHOUNOUA

Mes frères, sœurs et amis

M. FATMA TAHER GUINASSOU

Feue KHADIDJA DJOUMA BOUSTIGUI

Moussa Hissein Kerimaye, Achta Ahmat Louki, Youssouf Saleh Abdelkerim, Izze Ali Taher, Youssouf Korom, Moussa Mahamat Nour, Hassany Souleyman Hassan, Korom Ali Sougui, Zouleyfa Kerimaye, Fatimé et Ali Saleh Guinassou

« La responsabilité de l'Afrique nous reviens, chers frères africains »

Adoum Hissein

Préface

Afrique doit renaitre, telle est l'idée phare de cette œuvre qui se veut une ''œuvre panafricaine''.

À travers ce recueil, je nous invite, nous africains à revenir à la source, à l'africanité afin de bâtir une Afrique digne.

Oui, nous rêvons d'une nouvelle Afrique ! Celle qui unie ses enfants, celle qui ne pousse pas ses enfants vers l'immigration, celle qui fait taire les armes et cesse les larmes, celle qui n'est toujours pas soumise, … Oui, c'est de cette Afrique dont je rêve !

L'Afrique a tout mais pourquoi elle est toujours dernière ? Pourquoi c'est toujours elle la soumise ? Des questions que notre auteur nous pose et, une introspection individuelle est nécessaire. Que le tam-tam ne batte plus au rythme de nos échecs mais plutôt de nos succès, chers Africaine.

Chers dirigeants africains, que la bonne gouvernance soit votre crédo afin de bâtir une Afrique forte. Voir vos frères mourir en traversant la mer à la recherche du bonheur ne doit être votre fierté mais plutôt votre premier souci.

Chers lecteurs, cette œuvre est tout simplement à lire avec beaucoup d'attention car, il s'agit de l'avenir de notre chère Afrique que nous aimons tous.

L'auteur

1- Afrique de nos rêves

Nous rêvons d'une nouvelle Afrique

Afrique Une et Indivisible

Afrique qui fait confiance à l'union

Afrique qui haie la désunion

Nous rêvons d'une nouvelle Afrique

Afrique qui dit venez à moi, vous êtes tous mes enfants

Afrique qui ne monte pas ses enfants contre eux-mêmes

Afrique qui ne supporte pas de voir le sang de ses enfants coulé

Nous rêvons d'une nouvelle Afrique

Afrique que la religion n'est pas une source de division

Afrique que la couleur de peau est une richesse

Afrique que la diversité d'opinion est une source de progrès

Nous rêvons d'une nouvelle Afrique

Afrique à la vision de Nkrumah

Afrique à la vision de Sankara

Afrique à la vision de Lumumba

Afrique à la vision de Garvey

Afrique à la vision de Senghor

Afrique à la vision de Cheick Anta

Afrique à la vision d'Amzat

2- Frère africain

Viens me rejoindre, mon frère
Donne-moi ta main pour l'unité
L'Afrique a besoin de nous
L'Afrique a besoin de notre unité
Ne l'abandonnons pas, mon frère
Là-bas, tu es sans doute mieux
Mais ce n'est pas le chez toi
Ici, tu mènes une vie compliquée
Mais par la force de choses,
On peut changer la situation

Mon cher frère,
Viens discutons de notre Afrique
Changeons l'histoire
Que l'intérêt de l'Afrique prime
Afrique, continent de rêve, possible !

Mon frère,

L'unité est Renaissance

L'unité est nouvelle Afrique

L'unité est construire notre cher contient !

Mon frère africain,

Je t'attends pour un nouveau

Je t'attends pour une nouvelle Afrique !

3- Tambour de Renaissance

Venez à moi, mes enfants
Je suis votre Mama Africa
Pourquoi me faites-vous tant souffrir ?
Pourquoi le mal n'existe qu'en moi ?
Ne suis-je pas une bonne mère ?
Arrêtez de me trahir, mes enfants !

Venez à moi, mes enfants
Vous êtes tous mes fruits
Ne laissez pas les autres vous manipuler
Ne vous laissez pas duper par des sans-cœurs
Il est temps d'enterrer les armes
Il est temps de faire sortir des tambours
Danser chaque soir autour du feu en Africain

Venez à moi, mes enfants

Que les tambours de joie retentissent

Que les tambours d'un nouveau départ

Se font entendre au détriment des larmes

Venez à moi, mes enfants

Chantons tous Vive l'Afrique

Dansons main dans la main

Mangeons comme une seule famille

Que les tambours de renaissance

Retentissent partout en mon sein

Faites-moi vivre par vos actions

Rendez-moi fière de vous avoir

Je ne mérite pas des larmes

Venez à moi, mes enfants

Je dois être votre préoccupation !

4- Or mort

Nos sous-sols sont riches, dit-on !

Qu'avons-nous ? De l'or !

Nous avons de l'or qui cause notre mort

Oui, c'est plutôt or mort !

Notre or nous appelle la mort

Sans pitié, ils nous tuent sur ce qui nous appartient

Ils nous traitent des esclaves sur nos propres biens

L'Afrique est mal partie

Eux ils sont bien partis

Preuve, ils nous poussent à nous battre comme des ennemis

Et eux, ils exploitent aisément nos sous-sols

Preuve, ils ont anéanti la Centrafrique en passant par le Congo

La Côte d'Ivoire et le Tchad n'ont que les yeux pour pleurer

L'Ouganda et l'Angola ne sont pas du reste

Burkina et Mali sont impuissants

Kenya et l’Afrique du Sud à terre

Nous n’avons que l’or mort !

Nous n'avons que nos yeux pour pleurer notre or

Nous n’avons que nos yeux pour pleurer nos morts

L’Afrique est mal partie !

Ses richesses lui causent que du tort !

5- Dites-leur

Allez-y

Dites-leur qu'on rêve d'une renaissance africaine

Qu'on en a marre de cette domination

Que nous sommes plus à l'ère coloniale

Qu'ils nous laissent en paix

Qu'ils arrêtent de nous créer des guerres

Que nous sommes fatigués de leurs plans démoniaques en Afrique

Allez-y

Dites-leur que l'Afrique doit renaitre

Qu'ils ne sont pas nos dieux

Qu'ils arrêtent de nous voler nos richesses

Qu'ils arrêtent de manipuler nos hommes d'Etat

Qu'ils arrêtent de prendre l'Afrique comme leur cadeau

Allez-y

Dites-leur que l'Afrique va mal

Qu'ils sont responsables du sous-développement de l'Afrique

Qu'ils sont responsables des larmes en Afrique

Qu'ils sont responsables de la disparition de nos élites

Qu'ils sont responsables de tous nos maux

Allez-y

Dites-leur que rien ne sera plus comme avant

Que désormais l'Afrique doit être son propre maitre

Que l'Afrique doit vivre en paix

Que l'Afrique doit être le continent de rêve

Que l'Afrique appartient aux Africains !

6- Cris d'un Africain

Afrique emprisonnée par les Hommes de couleur,

Afrique des non-décideurs,

Je te chante à travers cette plume empreinte de tristesse comme moi

Oh mon Afrique, réveille-toi, relève-toi, car rêve et destin de tes enfants sont volés

7- Mes dirigeants d'Afrique

Arrêtez de nous vendre d'illusions

Nous sommes fatigués de vos jeux de sauveur

L'Afrique va mal

Il est temps de décider

Il est temps de reconstruire

Il est temps d'ouvrir les yeux

Arrêtez de vendre vos concitoyens

Arrêtez de vendre nos richesses

Pour vos besoins égoïstes

Qui ne font que souffrir vos populations

Chers dirigeants d'Afrique,

Il est temps de dire que le pétrole d'Afrique est pour les Africains

Il est temps de dire que l'or d'Afrique est pour les Africains

Il est temps de dire que le café d'Afrique est pour les Africains

Vos concitoyens vont mal

L'Afrique va mal

Revenez à vous-mêmes

Défendez l'Afrique comme il se le doit

Ne tuez pas à petit feu vos frères et sœurs

Vous n'êtes pas dirigeants pour rien

Mes dirigeants d'Afrique,

Il est temps d'unir nos forces

Pour bâtir l'Afrique de nos rêves

Il est temps de chasser loin de nous

Ces diables qui se font passer pour nos amis !

8- Chanson d'un Africain

Pauvre Afrique, mon Afrique !

Mon Afrique des braves et vaillants combattants,

Afrique de pouvoir vide,

Afrique des mains liées,

Afrique des dirigeants contrôlés,

Des affamés sans voix,

Des dirigeants sans visions propres

Je te chante à travers cette plume qui ne dit pas tout

Que ton indépendance soit une réalité pratique et théorique !

Que tes enfants soient libres de leurs positions !

Oh mon Afrique ! Afrique de mes ancêtres, je te salue !

9- Je suis panafricaniste

Je suis ce jeune qui est fatigué de voir l'Afrique se diviser

Je suis ce jeune qui est fatigué de voir l'Afrique perdre ses enfants

Je suis ce jeune qui est fatigué de voir l'Afrique tout le temps en guerre

Je suis ce jeune panafricaniste qui rêve d'une nouvelle Afrique

Afrique qui dit ne vous entretuez pas, vous êtes tous mes enfants

Afrique qui dit sauver moi par l'éducation et non par des armes

Afrique qui dit je suis votre unique terre et richesse à tous

Je suis un panafricaniste de la paix en Afrique

Je suis un panafricaniste du développement en Afrique

Je suis un panafricaniste de la renaissance en Afrique

Mon cœur saigne de voir mes frères et sœurs traversés la méditerranée à la recherche du bonheur

Mon cœur saigne de voir mes frères et sœurs âgés de dix ans au front avec des armes en main

Mon cœur saigne de voir nos dirigeants dire sans cesse que l'Afrique va bien

Je suis un panafricaniste de renaissance

Je suis un panafricaniste de l'unité

Je suis un panafricaniste de la paix

Je veux d'une Nouvelle Afrique !

10- Françafrique

Libérez mon Afrique !

Françafrique n'est qu'un crime

Françafrique n'est qu'un plan diabolique

Ma plume s'indigne contre cette machine

A vocation à nuire l'Afrique, mon continent

On veut se débarrasser de cet appareil

Qu'ils prennent leur CFA

Qu'ils retirent leurs armées

Qu'ils arrêtent avec ces aides empoisonnées

On ne veut plus de tout ça

L'Afrique en ma marre de toute ces choses

Nous sommes plus à l'ère coloniale

L'Afrique peut mieux s'en sortir

Libérez mon Afrique !

Ne voyez-vous pas que vous l'avez causé assez du tort ?

Ne voyez-vous pas que le sang inonde l'Afrique ?

Au nom de Françafrique,

Vous nous avez enlevé Gadhafi

Vous nous avez enlevé Lumunba

Vous nous avez enlevé Sankara

Vous nous avez enlevé Nkrumah

C'est ne pas encore de trop ?

On ne veut plus de cette machine à broyer

Qu'est la Françafrique

On veut juste vivre libre

Libre de nos actions

Libre de nos droits

Libre de nos richesses

Libre de nos choix

On n'en veut plus !

11- Terre d'héroïsme

Ma terre d'héroïsme,

Ma plume chante ta grandeur

Veut mettre loin de toi le terrorisme

Ma plume chante ton éloge

Ne te souhaite pas le terrorisme

Ma terre d'héroïsme

Que les terrorismes s'abstiennent

Que tes détracteurs s'abstiennent

Tu es une terre des héros

De toi naissent des héros

Ma terre d'héroïsme

Ma plume maudit ces terroristes

Qui ne veulent pas te voir au sommet

Qui versent jour et nuit le sang de tes enfants

Ma terre d'héroïsme,

Pour toi, ma plume ne se fatiguera jamais

A te chanter, te glorifier et te magnifier

Tu es le berceau de l'humanité

Mais on veut te réduire en berceau d'animalité

Ma plume s'élève contre ces sans-cœurs

Pour te donner une place qui te revient de droit

Ma terre d'héroïsme,

Loin de toi le terrorisme

Que l'humanité s'installe

Que l'animalité s'emballe

Tu es le berceau des héros !

12- Afrique unie

Ensemble, nous sommes forts
Unis, rien ne peut nous causer du tort
J'appelle à l'unité de l'Afrique
Que nos diversités fassent la force de l'Afrique
Si les Etats-Unis d'Amérique ont pu le faire,
Pourquoi pas nous ? Pourquoi pas l'Afrique ?
Je rêve d'une seule identité africaine
Je ne rêve pas de l'Afrique de l'Ouest
Je ne rêve pas de l'Afrique de l'Est
Je ne rêve pas de l'Afrique Centrale
Je rêve d'une seule Afrique
Une Afrique unie et forte
Je rêve d'un seul peuple d'Afrique
Qui se dit tout simple Africain
Et non Africain de l'Est, de l'Ouest ou du Centre

Qui se dit tout simplement Africain dans le respect de la diversité culturelle africaine qui fait sa beauté

Ensemble, nous sommes forts

Unis, rien ne nous causera du tort

Enfants d'Afrique, prenons le destin de l'Afrique entre nos mains

Unissons-nous pour sa renaissance

Unissons- nous pour son développement

L'Afrique doit renaitre par l'unité de ses enfants !

13- Prière à nos héros

De votre vivant, vous avez combattu le bon combat

Le bon combat qu'est d'unir les fils d'Afrique

Le bon combat qu'est de rendre l'Afrique aux Africains

Le bon combat qu'est de donner à l'Afrique sa vraie valeur

Aujourd'hui, vous n'êtes plus

Je n'ai que de larmes, mes héros

Mandela, regarde comment tes enfants s'entretuent

Sankara, regarde comment tes enfants s'entredéchirent

Lumumba, regarde comment tes enfants vendent leurs propres frères

Hissein Habré, regarde comment tes enfants se font sans cesse la guerre gratuite

O mes héros ! Mon cœur saigne !

J'ai mal au cœur

C'est ne pas ça ce que vous voulez laisser comme héritage à vos enfants et frères Africains

Qu'est-ce qui a changé ?

Qu'est-ce qui n'a pas marché ?

O mes héros ! Jetez un regard sur nous !

L'Afrique va mal

Vos enfants, vos frères s'entretuent pour un rien

Que des larmes sur nos visages

Que du sang qui envahit l'Afrique

Mes héros, priez le bon Dieu pour mon Afrique

Mes héros, incarnez nos actuels leaders

Sankara, l'Afrique te pleure

Lumumba, l'Afrique te revendique

Gadhafi, l'Afrique te regrette

Hissen Habré, l'Afrique te pleure

Mes héros, l'Afrique vous regrette

A jamais vous resterez dans nos mémoires !

14- Ils nous ont divisés

Ils nous ont divisés pour mieux régner

Pour leur intérêt, ils ont fait de toi chrétien

Pour leur intérêt, ils ont fait de moi musulman

Pour leur intérêt, ils ont fait de moi Africain du Centre

Pour leur intérêt, ils ont fait de toi Africain de l'Ouest

Pour leur intérêt, ils ont fait de moi Africain de l'Est

Pour leur intérêt, ils ont fait de toi Africain du Nord

Oui, ils nous ont divisés pour mieux nous berner

Au nom de la religion, ils nous dominent

Au nom de la religion, ils nous arment pour nous entretuer

Au nom de la religion, ils nous maintiennent dans la pauvreté

Au nom de la religion, ils nous empêchent de nous marier entre nous

Au nom de la religion, ils ont nos ors, nous ont à nos larmes

Ils nous ont divisés pour assurer l'avenir de leurs enfants

Ici, nos enfants ne vont pas à l'école parce qu'il ne faut pas éduquer nos enfants de peur qu'ils ne se révoltent pas plus tard contre eux

Ici, nos enfants n'ont droit qu'aux armes pour s'entretuer comme des sauvages

Ici, il faut imposer la religion pour maintenir les Africains dans la pauvreté

Oui, ils nous ont divisés ! Mon cœur saigne !

15- Pourquoi toujours l'Afrique ?

Pourquoi c'est toujours à l'Afrique que ça arrive toute ces mauvaises choses ?

Le terrorisme

Le paludisme

Le choléra

L'Ebola

Le SIDA

Le coup d'Etat

Pourquoi toujours l'Afrique ?

Essai des vaccins c'est encore l'Afrique

Pourquoi ? Sommes-nous des cobayes ?

Mon cœur s'enflamme ! Pourquoi est-ce toujours mon continent ?

La mauvaise gouvernance

La domination

Pourquoi ? L'Afrique ne mérite pas le bonheur ?

Arrêtez de voir l'Afrique comme un cimetière

Arrêtez de voir l'Afrique comme un laboratoire d'essai

Arrêtez de voir l'Afrique comme terre des sauvages

L'Afrique mérite aussi l'Eldorado

Les Africains méritent aussi la joie !

16- Peuple Africain

O peuple Africain,

L'heure n'est plus au silence

Il est temps de se réveiller

Il est temps de se lever

Pour se battre pour l'avenir de l'Afrique

Pour dire non aux détracteurs d'Afrique

O peuple Africain,

L'heure n'est plus à la division

Il est temps de se lever comme un seul homme

Pour sauver l'honneur de notre Mama Africa

Pour donner l'espoir à la future génération

O peuple Africain,

Il est temps de chanter le cantique de la renaissance

L'heure n'est plus à l'observation

Il est temps de passer à l'action

Il est temps de battre le tambour de l'espoir

O peuple Africain,

L'heure n'est plus au suivisme

Il est temps de chasser des leaders sans vision pour l'Afrique

Il est temps de créer une nouvelle Afrique par les Africains

L'heure n'est plus à rêver aller vivre ailleurs

Il est temps de transformer l'Afrique en terre d'opportunité

O peuple d'Afrique,

Il est temps de se donner la main

Il est temps de se dire tout simplement : Je suis Africain

L'Afrique a besoin de tous ses enfants

L'Afrique a besoin de l'unité de ses enfants

O peuple d'Afrique,

Il est temps de se réveiller

Il est temps de dire non à la domination

L'heure n'est plus à la réticence

Il est temps d'agir pour sauver l'Afrique entre les mains des démons

Mon frère Africain,

Ma sœur Africaine,

Il est temps de dire que l'Afrique nous appartient

Il est temps de dire que le développement de l'Afrique ne viendra pas d'ailleurs mais plutôt de nous-mêmes

Il est temps de sauver l'Afrique, cher peuple d'Afrique !

17- Terre d'avenir

Oui Afrique est la terre d'avenir

Elle est belle

Elle est magnifique

Elle est séduisante

D'elle, suis fier d'appartenir

Fier du sang noir qui coule dans mes vaines

D'elle, les autres se nourrissent

Les autres se livrent la guerre pour l'avoir

Moi, je l'ai depuis ma naissance

Afrique est ma fierté

D'elle, je me glorifie

Comment ne pas aimer cette terre ?

Cette terre qui sauve les pauvres

Cette terre qui regorge des braves

Cette terre qui attire la convoitise

Comment ne pas être fier de l'appartenir ?

Afrique est ma raison de vivre

Loin d'elle, je ne suis rien

Cette terre, je vous le dis, elle est terre d'espoir !

Je l'aime !

Chers Africains, Afrique est notre seule mère, notre seule richesse, notre seul espoir. Faisons d'elle la terre de rêve. Elle a tout, je vous le dis très honnêtement.

L'auteur.

MIX
Papier aus verantwortungsvollen Quellen
Paper from responsible sources
FSC® C105338

Printed by Books on Demand GmbH, Norderstedt / Germany